Anne-Catherine BRETON

La tête au ciel et les pieds sur la terre

La Société des Ecrivains

Sur simple demande adressée à La Société des Écrivains,
147-149, rue Saint-Honoré – 75001 Paris,
vous recevrez gratuitement notre catalogue
qui vous informera de nos dernières publications.

—

Texte intégral

ISBN 2-7480-2448-6

Le Dinosaure

****

Un jour dans le bois près de chez moi j'ai rencontré un dinosaure.
Un énorme dinosaure !
Grand comme un géant et long comme un saucisson.
Marron comme un champignon et effrayant comme un caïman.
De tous mes membres j'ai tremblé, et, apeuré, me suis réfugié sous le pommier.
C'est alors que le dinosaure s'est approché de moi pour faire ami-ami.
Ses grandes pattes palmées se sont déployées et mes jambes se dérobant de peur, je me serais bien réfugié derrière l'écureuil tapi sous les feuilles.

… Malgré tout je me suis dit qu'avec mes sept ans et demi il devait drôlement hésiter à m'aborder !
La preuve en est, c'est que le dinosaure m'a murmuré – « je t'adore ! » et m'a embrassé comme un véritable trésor.
Aussi fier qu'un militaire je suis rentré à la maison et la chose la plus extraordinaire, est, qu'à aucun moment, mes parents ne m'ont cru réellement !
Ils ne m'ont même pas laissé terminer mon histoire, car, évidemment, le réveil a sonné et à neuf heures moins le quart, il est temps de quitter l'appartement.
Est-il possible que j'aie rêvé ?
Bien sur que non ! Mais à mes parents je réponds affirmativement.
Vous comprenez, vous, mes amis… Les parents il faut les laisser sur leur petite planète s'agiter comme des girouettes et surtout… ne pas les inquiéter !

La colère

****

Comme je suis en colère j'entends le tonnerre gronder au fond de moi.
J'ai envie de faire des misères à la terre entière.
Assis près de mon frère à l'arrière de l'auto je le pince violemment en affichant un visage d'ange et parais tout étonné quand mes parents me demandent ce qui s'est passé.
Plus il pleure et plus je suis content.
Quant à ma sœur elle commence aussi à m'énerver à jouer tout le temps avec ses poupées. C'est pourquoi je décide d'arracher le bras droit de son jouet préféré.
Inutile de vous expliquer les cris désespérés de ma chère sœur !
J'ai une envie folle de rire mais me bouche les oreilles en me plaignant auprès de mes parents de ne pouvoir lire mon livre tranquillement.
Les pleurs et les cris ayant cessé je cherche ce que je pourrais maintenant inventer.
C'est finalement au chat que je vais m'attaquer.
Sagement endormi sur la plage arrière de la voiture je tire sèchement sur ses moustaches.
A mon plus grand plaisir il se réveille en sursaut et d'un bond se cogne la tête au plafond.
Et bien, voilà, je suis content de moi.
J'ai fait du mal à tout le monde et je suis heureux.
Heureux ? Vraiment heureux ?
… un petit peu heureux mais tellement seul.
Seul, je suis toujours seul.
Personne ne veut de moi comme ami tellement j'ai mauvais caractère.

Pourtant j'aimerais tant pouvoir partager mon goûter…
Finalement je suis tellement timide que je n'ose m'exprimer et aller jouer si on ne m'a pas invité. Alors pour me faire remarquer je ne fais que des méchancetés.
Peut-être que demain j'oserai aller jouer avec les enfants du quartier, partager mon goûter et aider celui qui est tombé au lieu de l'écraser avec mon pied.

Demain, peut-être…

Les chats

****

J'ai quatre pattes, deux petites oreilles pointues, un poil tout doux
… je suis un matou.

J'aime faire des câlins, je ronronne et me pelotonne dans tes bras
… je suis un chat.

Je peux jouer des heures avec toi dans le jardin
… je suis ton copain.

Je n'aime ni l'eau ni les souris
… je suis ton ami !

Avec toi je suis heureux
… je suis un Chartreux.

Dans tes bras je suis le roi
… je suis un Angora.

Avec toi sur le banc
… je suis un Persan.

Dans mon panier je suis chez moi
… je suis un Siamois.

Courant après ma balle sous la verrière
… je suis un Chat de Gouttière !

La liberté

****

Pour moi, ça veut dire quoi la liberté ? Se demande Zoé.

Est-ce refuser de dire bonjour tous les jours ?
Est-ce me laver seulement au mois de février ?
Est-ce ne manger que ce qui me plaît ?
Est-ce jouer toute la journée ?
Est-ce encore aller me coucher seulement après mes dessins animés ?

Zoé, si tu ne me dis plus bonjour et que je te vois toute la journée devant la télé, la bouche pleine de bonbons et sale comme un peigne, crois-tu que je continuerai à t'aimer ?

Je ne pense pas car ta liberté aura dévoré la mienne.
Il ne sera alors plus possible de vivre en harmonie.

Mais si nous faisons toutes les deux très attention pour traverser les saisons en vivant à l'unisson, alors, ensemble, de la liberté nous parlerons.

Je danse

****

Un pas en avant… je m'approche de Maman
Un pas en arrière… je me dirige vers Grand-père
Un pas à droite… je deviens tout moite
Un pas à gauche… je me réchauffe
Un pas sur le côté… je rejoins Chloé
Un pas de l'autre côté… je suis à contre-pied
Demi-tour à droite… j'attrape ta main
Demi-tour à gauche… j'attrape ton bras

En avant les enfants !
En arrière les grands-pères !
A droite les filles !
A gauche les garçons !

Nous dansons, nous sourions, nous saluons, nous sommes des champions !

Pouah

*****

Pouah, j'aime pas.

Pouah, j'aime pas quand tu m'embrasses et que tu laisses mes joues toutes mouillées.

Pouah, j'aime pas quand tu m'obliges à ranger ma chambre.

Pouah, j'aime pas quand je dois me laver les mains avant de manger.

Pouah, j'aime pas quand tu m'aides à me moucher.

Pouah, j'aime pas mettre la table.

Pouah, j'aime pas les épinards.

Pouah j'aime pas aller me coucher.

Oui, c'est vrai, je suis une chipie.

Oui, c'est vrai, je mérite une fessée

Et puis tant pis si je suis punie… je n'irai pas à la garderie !

Noé

***

Cher Noé, heureusement tu as existé car sans ta volonté beaucoup ne seraient pas nés.

Pour les variétés diverses à deux, quatre et même mille pattes nous te sommes liés.

Du scarabée au chimpanzé… merci Noé !

La soupe aux petits légumes

****

Simon le potiron et Thibaut le poireau décident de rendre visite à Lucas le petit-pois.

Tous les trois assis sous le toit du grenier de Mémé se demandent à quelle sauce ils pourraient bien être mangés.

C'est finalement leur Maman qui fit avec le potiron, le poireau et le petit-pois, la recette d'autrefois : le potage de Grand-Maman.

1, 2, 3

****

1 : je suis malin

2 : je suis heureux

3 : je suis le roi !

1, 2, 3 dans ma casquette il y a des sucettes.

1, 2, 3 dans mon chapeau il y a des berlingots.

1,2, 3 dans ma cagoule il y a des nouilles !

Marie-Marthe

****

Marie-Marthe est à quatre-pattes près du guéridon dans le salon.

Coca le chat, tout étonné, retrouve le bébé sous son nez.

Alors Marie-Marthe, toujours à quatre-pattes, secoue son doudou devant le minou, qui, tout doux, lui fait un bisou !

Jérôme le fantôme.

****

Aujourd'hui je ne dors pas dans mon lit.

Il fait nuit et je dors chez Emilie.

La chambre est toute noire et je sers très fort mon mouchoir.

– « Hou, hou ! » fait le vent.

– « Gling, gling ! » fait la pluie.

Heureusement arrive en courant Jérôme, mon ami le fantôme, dans son grand manteau blanc.

Dans mon lit, il me tient compagnie, et, ensemble nous partons confiants au pays des rêves blancs.

Petit Pierre

****

Petit Pierre va au cimetière rendre visite à son grand-père.

Petit Pierre ne comprend pas pourquoi ses parents affichent une tête d'enterrement.

Petit Pierre est heureux de lui rendre visite d'autant qu'il sait très bien que le cimetière est vide puisqu'il vient d'apercevoir son Papy près de l'arrosoir !

Est-il le seul à le reconnaître ?

Comme c'est curieux ! Ces adultes qui savent tout ou presque ne le voient-il pas ?

Son Papy si gentil se glisse dans sa poche avec malice et c'est ainsi que, main dans la main, ils parcourent le chemin en se faisant de gros câlins…

La pêche aux moules.

****

Après avoir enfilé leurs cagoules, Marie et Raoul vont à la pêche aux moules.

Sur le chemin les crapauds leur sautent sur le dos et les grenouilles les mouillent car c'est la fête à la... grenouille !

Arrivés aux rochers ils ne sont pas fâchés de goûter aux bonbons de Raymond.

Après les sucettes, les caramels, les nougats et la guimauve ils commencent à devenir tout mauve !

Les moules du haut de leur rocher en restent bouche bée et se demandent très étonnées sous quelle bonne étoile elles sont nées pour avoir ainsi échappé au dîner où elles auraient été mangées !

C'est ainsi que Marie et Raoul gavés de bonbons, sauvèrent la vie des moules d'Oléron.

Histoire de rondes.

****

Qu'est-ce qu'une ronde ?

Est-ce ce jeu si joyeux où tout le monde se tient par la main ?

Une note de musique si ronde quelle en devient très longue ?

Moi-même si dodue suis-je une ronde ?

Et quand on a un peu trop bu devient-on ronde ?

Ou bien, dans un musée avec Papa, les gardiens ne font-ils pas une ronde ?

Maintenant, imaginons que toutes les petites dodues, musiciennes, un peu gaies et surveillées se tiennent par la main pour ne plus faire qu'une ronde autour de la terre toute ronde...

Les jours de la semaine.

****

Lundi	Je vais à l'école avec Anatole.
Mardi	Je fais une ronde avec Cunégonde.
Mercredi	Je vais à la garderie avec Valérie
Jeudi	J'apprends à lire avec beaucoup de soupirs.
Vendredi	Je fais de la peinture avec Arthur.
Samedi	Je range ma chambre à toutes jambes.
Dimanche	Je fais la sieste à toute vitesse

… car nous sommes déjà lundi et, le lundi, je retrouve tous mes amis devant l'école avec Anatole !!!

LES BOUTONS

****

Les boutons ça pousse en rond.

Les boutons ça ne présage rien de bon.

Ronds comme des toupies, c'est une allergie !

Gros comme des haricots c'est l'impétigo !

En corolle, c'est la rubéole !

Couleur caramel, c'est la varicelle !

Placés en équerre, c'est un urticaire !

Rouges et qui excitent, c'est un moustique !

Carrés et boursouflés, c'est une araignée !

Placés en croix, c'est une crise de foi (e) !

Je suis triste.

****

Aujourd'hui je suis triste.

Triste de ne pas savoir quoi faire, triste de m'ennuyer, triste de pleurer, triste devant mes jouets, triste devant la fenêtre.

Triste de ne pas savoir pourquoi je suis triste.

Si triste que je n'ai même pas faim pour mes bonbons.

Même le clown n'arrive pas à me faire rire…

Plus rien ne me fait envie.

C'est alors que Pirouette la chouette me regarde.
Ses gros yeux ronds se posent sur mon visage triste. Puis, quelle surprise, elle éclate d'un grand rire !

Un rire si aigu et si joyeux que je me sens d'un seul coup tout penaud. Le rire contagieux fait que je me sens beaucoup mieux.

Tout est beau de nouveau.
Du temps qu'il fait jusqu'à mes jouets.

Soudain j'ai tellement faim qu'il n'y aura jamais assez de chocolats pour moi !

Gédéon a perdu son pantalon.

****

Gédéon a prêté ses bretelles à Adèle et c'est ainsi qu'en jouant du violon il a perdu son pantalon…

Tous ses amis s'étant moqué de lui, Gédéon, jouât quand même du violon.

Alors les copains se sont retrouvés bien peu malins quand, en culotte, avec Charlotte, Gédéon fit un triomphe.

Tous les deux, en amoureux, sont les plus heureux des musiciens au pays des Lilliputiens…

Le gâteau de Léo

****

Aujourd'hui c'est mercredi et Léo va faire un gâteau.

Après être passé au poulailler chercher trois gros œufs et au moulin prendre la farine, Léo achète du sucre chez l'épicier.

De retour dans la cuisine il enfile un tablier et dans le saladier commence à mélanger les œufs, la farine, le sucre et la vanille.

Dans le four, Léo voit le gâteau enfler, enfler, enfler pour finir par déborder…

Heureusement, la cuisson finie, le gâteau tout joufflu est sorti.

Comme Maman a déjà sorti les assiettes, tout est prêt pour goûter le beau gâteau.

– « Maman, quand je serai grand, j'aimerais faire le métier de pâtissier ! ».

SAINT
FRANCOIS D'ASSISE

****

Même si certains l'oublient,
Saint François c'est notre ami.

Des animaux c'est le héros.
De la puce au dinosaure, tous, l'adorent.

Ecoutez ses paroles et vous serez un grand homme :

Détruisez-les et je vous maudirai
Torturez-les et je vous excommunierai

Mais protégez-les et je vous aimerai
Adoptez-les et je vous bénirai

A vous mes Frères,
Nos chers petits amis, je vous les confie…

SAINT
JOSEPH

****

Saint Joseph, notre grand chef.

Des têtes consacrées vous êtes le premier.

De Père modèle vous avez engendré l'Eternel.

Les charpentiers vous protégez et ici-bas les banquiers vous aideriez.

Le remboursement de nos dettes est un travail colossal.

S'en acquitter en une seule vie serait tout à fait inouï.

Mais en plusieurs existences cela pourrait devenir une espérance…

Les pommes de terre.

****

Mardi, Albert, très en colère, m'a traitée de pomme de terre…

Il m'a dit, peu gentil : « – Tu n'es qu'une grosse patate ! »

J'en suis restée toute écarlate.

J'ai eu envie de l'écraser comme une purée…
Ou bien le changer en hachis Parmentier…

J'ai tellement d'énergie que je pourrais être une frite et tous les faire griller comme de petites pommes de terre sautées !

Et puis, je ne suis pas grosse.

Je pourrais donc être une chips, une chips si légère que je deviendrais la reine des pommes de terre !

Le bain

****

Dans le bain je m'amuse bien.

La mousse m'éclabousse et Jason le poisson me chatouille le menton !

J'attrape le savon et je frotte, je frotte, je frotte afin d'être tout propre.

Même mes oreilles brillent comme un soleil !

Soudain j'entends Adrien mon copain.

Alors le shampooing... ce sera pour demain !

Tourner

****

Tourner, tourner en rond.

Est-ce s'ennuyer comme Manon la bougon ?

Tourner, tourner en rond.
Est-ce s'amuser comme Mimie la toupie ?

Tourner, tourner en rond.
Est-ce voyager comme Hyppolite le satellite ?

Tourner, tourner en rond.
Est-ce guetter sa proie comme Olivier l'épervier ?

Tourner, tourner en rond.
Est-ce si cornichon ?

Certainement pas, puisque la terre, depuis des millénaires, inlassablement, depuis la nuit des temps, dans sa ronde entraîne notre monde.

Tom

***

Ce sont les vacances de Noël et en attendant le Père-Noël, Gaspard joue dans le grenier.
Il trouve dans une vieille malle : une canne, une cape, un chapeau et des boutons.
Gaspard se demande ce qu'il va bien pouvoir faire avec un tel trésor !

Son trésor sous le bras, il descend l'escalier et rejoint son Pépé assit près de la cheminée.

A travers la fumée s'échappant de sa grosse pipe, Pépé lui sourit et, remarquant son air mystérieux, lui demande ce qu'il a bien pu trouver dans le grenier.

Gaspard lui fait part de ses découvertes et soudain aperçoit de gros flocons à travers les carreaux.

C'est alors que lui vient une idée…

A toutes jambes, Gaspard attrape son anorak, ses gants, son bonnet et s'apprête à sortir si vite, qu'il en oublie ses chaussures !

Il saute dans ses souliers et tout heureux arrive dans le jardin où la neige a déjà tout recouvert.
De la boîte aux lettres à la niche du chien tout est devenu blanc…

Gaspard se met au travail et rassemblant toutes ses forces, fabrique d'énormes boules de neige.

En les empilant les unes sur les autres on peut deviner un corps tout rond, deux bras tout longs et une tête toute ronde.

Mais oui… bien sur ! C'est Tom le bonhomme de neige !

Pour donner vie à Tom, Gaspard fabrique deux yeux ronds avec les boutons, perche le chapeau sur la tête, l'habille avec la vieille cape et, sur le bras, accroche la canne.

Gaspard, tout content, appelle sa Maman et très fier pense que Tom est un sacré bonhomme !

Mathurin

****

Mathurin, mon copain, je t'aime bien.

Tous les deux on est heureux, nous partageons les mêmes rêves et nos voyages sont devenus notre point d'amarrage

Mathurin, quand je vais bien on rigole bien !

Mathurin, quand je suis triste, avec moi tu résistes.

Tous les deux on rêve de cieux merveilleux où nous pourrions, à l'unisson, conjuguer l'amitié sur tous les tons.

Parfois, les copains bien malins, cherchent à nous désunir…

Alors dans un premier temps, nous doutons, ensuite nous nous rebellons et finalement nous nous sentons bien cornichon d'avoir sous-estimé la force de nos deux noms…

Pourquoi l'union dérange t-il tant de moutons ?

Le plus facile n'est-il pas de détester de nouvelles têtes avant de les connaître ?

Pourquoi ne pas se laisser aller à aimer ?
Mathurin mon copain je t'aime bien, alors à demain !

Et que durant cette vie, nous restions unis…

Saint
FORTUNAT

****

De Doupable à Poitiers, que de chemins vous avez empruntés,
Que de vers vous avez déclamés,
Que de joies vous avez semées,
Que de poètes en manque d'inspiration vous avez aidés.

Quant aux hagiographes, grâce à vous, plus jamais ils ne seront en manque d'épitaphes.

Du plus profond de nos cœurs,
Saint FORTUNAT, châpeau bas…

Le sens des prénoms

****

Qui est Charlotte ?

Moi je pense tout de suite à ma voisine Charlotte la rigolotte !
Mais quand j'ai faim je l'aime bien aux pommes.
Je m'en sers aussi comme châpeau dans mon bain.
Quelquefois elle se transforme en une savoureuse petite pomme de terre.

Moi qui me prénomme Anémone je ne peux prétendre qu'à une signification mais je peux rapidement changer d'élément puisque de la terre je peux sauter dans la mer sans perdre mes couleurs au royaume des fleurs.

Formidable ! s'écrie Victoire toute auréolée de gloire pendant qu'Aimée se fait câliner.

Sur ces entre faits arrive Modeste, qui, prenant Victoire par la main, lui offre une belle Anémone en mangeant un peu de la Charlotte tant Aimée !

Le voyage de la petite pomme.

****

C'est l'histoire d'une petite pomme toute rouge qui rêvait de découvrir le monde.

Du haut de son arbre elle fit tout son possible pour grossir, grossir, grossir jusqu'à devenir si lourde qu'elle tombât de son arbre.

Elle se mit alors à rouler, rouler, rouler le long des chemins.

Elle rencontrât rapidement de nombreux amis.
Parmi eux c'est Ventre-à-Terre, le ver de terre, qu'elle préfère.

Tous les deux enlacés, ils roulèrent jusqu'à la rivière et décidèrent de faire une croisière.

A bord d'une vieille coque de noix ils embarquèrent et durant des mois naviguèrent sur les mers.

Ils découvrirent des enfants jaunes, des enfants noirs, des enfants blancs et même des enfants rouges. Rouges comme la petite pomme.
Ils pensèrent alors que sur la terre, chacun avait au moins un cousin !

Les années passèrent et ils commencèrent à avoir le mal de mer.
Ils avaient de nouveau envie de remettre les pieds sur terre.

Alors la petite pomme et Ventre-à-Terre sautèrent de la mer sur la terre et retrouvèrent leurs amis les vers de terre.

Depuis ce temps il n'est pas rare d'entendre chuchoter sous les pommiers.

Il ne faut surtout pas avoir peur ; c'est simplement la petite pomme et le ver de terre qui racontent leur voyage autour de la terre…

Sainte
PHILOMENE

****

Quand les interrogations nous submergent, vers vous nous nous tournons.

De l'au-delà vous êtes toujours là.

Et si vous paraissez parfois lointaine jamais vous ne refusez votre aide.

Sans votre intercession, les médiums seraient en manque de communication.

Votre Lumière a éclairé bien des mystères sur notre terre.
Des fonds marins jusqu'au Divin vous êtes un bien joli témoin…

SAINT BERNARDIN

****

Saint Bernardin, c'est un tribun.

Les comédiens le savent bien car avant toute prestation ils demandent votre protection.

Quant à l'avocat, s'il n'en fait cas, il pourrait être dans l'embarras.

Saint Bernardin, de vie à trépas, ne l'oublions pas, des ténors vous êtes le mentor.

La Fée

******

J'aimerais être une fée se dit Zoé.
Pas une fée carabosse mais une jolie fée avec de longs cheveux blonds et porter une grande robe rose.
Rose comme les dragées de mon petit frère à son baptême.
Sur ma robe rose seraient brodés des petits diamants et ainsi, en me déplaçant, je scintillerais comme une étoile dans le ciel.
Sur ma tête je poserais une couronne en pierres précieuses et au bout de mes doigts j'agiterais une baguette.
Pas n'importe quelle baguette.
Une baguette… magique !
Ainsi je serais une véritable princesse et pourrais exaucer tous mes vœux les plus secrets.

Dans un premier temps je ferais apparaître des centaines de poupées.
Des poupées de toutes les couleurs, de toutes les tailles avec pour chacune des tenues différentes.
J'imagine déjà une poupée en robe de mariée avec une traîne de plusieurs mètres de long, une autre partirait skier en combinaison jaune fluo pendant qu'une troisième, en vacances au bord de la mer, enfilerait une bouée verte en forme de canard sur son maillot de bain à fleurs bleues…
Je pourrais alors les faire voyager et changer de tenue au moins dix fois pas jour !

Dès que la faim pointerait le bout de son nez je remplirais les étagères de ma chambre de gros bocaux en verre pleins de bonbons multicolores, de boules de chewing-gum, de guimauve rose et blanche, de rouleaux de réglisse, de sucettes en forme de grenouille, de caramels, d'oursons en chocolat et... hou là là ! je m'arrête là car je commence à avoir mal au cœur.

En agitant de nouveau ma baguette magique je pourrais aussi changer de coiffure tous les jours.
D'une queue de cheval passer à un chignon bouclé pour terminer avec deux couettes qui pourraient aussi se transformer en tresses...

Je pourrais aussi faire disparaître mon petit frère et ainsi garder ma Maman pour moi toute seule.
Pour moi seule seront tous les cadeaux, les gros câlins... « Stop ! » me dit une petite voix au fond de moi.

« A défaut d'être une fée, ne deviendrais-tu pas une affreuse sorcière ? »

Je sens d'un seul coup mes joues devenir toutes rouges et un sentiment de honte monter en moi.

Finalement de fée à sorcière il n'y a qu'un pas et il est bien difficile de ne jamais basculer dans la méchanceté.

Heureusement je ne suis que Zoé, une petite fille comme les autres, avec un frère un peu envahissant mais que j'aime bien et avec qui je veux bien partager ma Maman.

Malgré tout on a bien le droit de rêver...

Elle est partie

****

Ce matin les yeux rougis, Maman m'a dit :

– « ta grand-mère est morte mon chéri »

Les mots ont résonné dans ma tête.

Je n'ai pas tout compris mais je me suis rendu compte immédiatement qu'il se passait quelque chose d'important.

Morte.

M-O-R-T-E

Cela veut dire quoi exactement ?

La situation me paraît grave mais je n'arrive toujours pas à la comprendre.

Ma Mamie chérie est partie.

Partie ?

Peut-être sur une autre planète pour faire des galipettes ?

Peut-être sur un nuage pour dialoguer avec un mage ?

Peut-être dans l'océan pour retrouver ses parents ?

Peut-être sous la moquette pour manger des gaufrettes ?

Soudain j'entends de la musique dans le salon.

Je vois le piano s'animer et j'entends :

Do, mi, sol, la… je suis là !

Fa, sol do, mi… pour toi mon chéri.

M'entends-tu mon petit Lulu ?

Fa, sol, do, la… pour toi je suis là.

La, mi, sol, do… je suis dans ton dos !
Sol, ré, la, mi… souris !

Mi, do, la, ré… jamais je ne t'oublierai.

Fa, sol, do, la… je te prends dans mes bras.

Lulu, je suis là.
Lulu, je suis près de toi.

Personne ne me voit, personne ne m'entend à part toi.

Mon Lulu, ne soit pas triste ;
Sèche tes larmes ;
Je ne suis pas morte, je suis simplement devenue invisible.
Invisible pour les autres.

Sol, fa, mi, la… pour toi qui m'aime je serai toujours là.

La, mi, sol, do… pour toi je continuerai à jouer du piano.

Sol, ré, do, la… ne les écoute pas !

Mi, la, do, ré… c'est un secret.

Chante, Lulu, chante !

Ne les écoute surtout pas.

Pour ceux qui s'aiment la vie est éternelle.

Sol, ré, la, mi… que la vie toujours te sourit.

Mi, ré, sol, mi… je t'aime mon chéri.

Cet ouvrage a été édité par La Société des Écrivains
147-149, rue Saint-Honoré – 75001 Paris

Tél. : 01 39 08 05 38 Fax. : 01 39 75 60 11
www.societedesecrivains.com
info@societedesecrivains.com

Imprimé en France

Dépôt légal 2e trimestre 2005.

ISBN 2-7480-2448-6